Impressum
Verlag: BABADADA GmbH, Nedderfeld 112 , 22529 Hamburg
Geschäftsführer / Verlagsleitung: Harald Hof
Druck: Books on Demand GmbH, In de Tarpen 42, 22848 Norderstedt

Imprint
Publisher: BABADADA GmbH, Nedderfeld 112 , 22529 Hamburg, Germany
Managing Director / Publishing direction: Harald Hof
Print: Books on Demand GmbH, In de Tarpen 42, 22848 Norderstedt, Germany

教室
učionica

除
dijeliti

186/2

黑板
ploča

校园
školsko dvorište

老师
učitelj

纸
papir

书写
pisati

钢笔
kemijska olovka

办公桌
pisaći stol

直尺
ravnalo

书
knjiga

学生
učenik

书包
torba

铅笔盒
pernica

铅笔
grafitna olovka

卷笔刀
šiljilo za olovke

橡皮擦
gumica za brisanje

画板
blok za crtanje

图画
crtež

画笔
kist

颜料盒
kutija s bojama

剪刀
makaze

胶水
ljepilo

练习册
bilježnica

家庭作业
domaći zadatak

12

数字
broj

2+2

加
sabirati

5-2

减
oduzimati

2×2

乘
množiti

计算
računati

A

字母
slovo

ABCDEFG
HIJKLMN
OPQRSTU
VWXYZ

字母表
abeceda

hello

字
riječ

课文

tekst

读

čitati

粉笔

kreda

上课

sat

登记

dnevnik

考试

ispit

证书

svjedodžba

校服

školska uniforma

教育

obrazovanje

百科全书

leksikon

大学

sveučilište

显微镜

mikroskop

地图

karta

废纸筐

košara za papir

酒店
hotel

青年旅社
prenoćište

外币兑换处
mjenjačnica

手提箱
kofer

汽车
auto

语言
jezik

是/否
da / ne

好的
okay

您好
zdravo

翻译员
prevoditelj

谢谢
hvala

……多少钱？

Koliko košta…?

我不明白

ne razumijem

问题

problem

晚上好！

dobro veče!

早上好！

Dobro jutro!

晚安！

Laku noć!

再见

doviđenja

方向

smjer

行李

prtljaga

包

torba

双肩包

ruksak

客人

gost

房间

soba

睡袋

vreća za spavanje

帐篷

šator

旅游信息

turističke informacije

海滩

plaža

信用卡

kreditna kartica

早餐

doručak

午餐

ručak

晚餐

večera

票

karta za vožnju

电梯

dizalo

邮票

poštanska markica

边界

granica

海关

carina

大使馆

ambasada

签证

viza

护照

putovnica

飞机
zrakoplov

船
brod

消防车
vatrogasno vozilo

公交车
autobus

卡车
teretno vozilo

汽艇
motorni čamac

自行车
biciklo

汽车
auto

摆渡船
trajekt

小船
čamac

摩托车
motocikl

警车
policijski auto

赛车
trkaći auto

租车
iznajmljeno auto

拼车

dijeljenje automobila

拖车

vučno vozilo

垃圾车

vozilo za odvoz smeća

发动机

motor

汽油

benzin

加油站

benzinska postaja

交通标志

prometni znak

交通

promet

交通堵塞

zastoj

停车场

parkiralište

火车站

kolodvor

轨道

šine

火车

vlak

电车

tramvaj

货车

vagon

交通运输 - transport

直升机

helikopter

机场

zrakoplovna luka

塔

toranj

乘客

putnik

集装箱

kontejner

纸板箱

karton

手推车

kolica

篮子

košara

起飞/降落

uzletjeti / sletjeti

城市
grad

村庄

selo

市中心

centar grada

房子

kuća

电影院
kino

广告
reklama

路灯
ulična svjetiljka

街道
ulica

出租车
taksi

小吃店
kiosk

行人
pješak

人行道
nogostup

十字路口
križanje

斑马线
pješački prijelaz

垃圾箱
kontejner za otpad

红绿灯
semafor

CINEMA

小屋

koliba

公寓

stan

火车站

kolodvor

市政厅

vijećnica

博物馆

muzej

学校

škola

大学

sveučilište

银行

banka

医院

bolnica

酒店

hotel

药房

ljekarna

办公室

ured

书店

knjižara

商店

prodavaonica

花店

cvjećara

超市

supermarket

市场

trg

百货商店

robna kuća

鱼店

ribarnica

购物中心

trgovački centar

海港

luka

城市 - grad

公园
park

长凳
klupa

桥
most

楼梯
stepenice

地铁
podzemna željeznica

隧道
tunel

公交车站
autobusna stanica

酒吧
bar

餐馆
restoran

邮筒
poštansko sanduče

路标
ulični znak

停车计时器
parkirni sat

动物园
zoološki vrt

游泳馆
bazen

清真寺
džamija

农场

seosko gazdinstvo

污染

zagađenje okoliša

墓地

groblje

教堂

crkva

操场

igralište

寺庙

hram

地形

krajolik

树叶
list

指示牌
putokaz

路
put

草地
livada

石头
kamen

树
drvo

徒步旅行者
šetač

河
rijeka

草
trava

花
cvijet

峡谷

dolina

山

planina

湖

jezero

森林

šuma

沙漠

pustinja

火山

vulkan

城堡

dvorac

彩虹

duga

蘑菇

gljiva

棕榈树

palma

蚊子

moskito

苍蝇

muha

蚂蚁

mrav

蜜蜂

pčela

蜘蛛

pauk

甲虫
buba

青蛙
žaba

松鼠
vjeverica

刺猬
jež

野兔
zec

猫头鹰
sova

鸟
ptica

天鹅
labud

野猪
divlja svinja

鹿
jelen

麋鹿
los

水坝
nasip

风力发电机
vjetrenjača

太阳能电池板
solarna ploča

气候
klima

服务员
konobar

菜单
jelovnik

椅子
stolica

披萨饼
pica

汤
supa

餐具
pribor za jelo

桌布
stolnjak

前菜
predjelo

主菜
glavno jelo

甜点
desert

饮料
napitci

食物
jelo

瓶子
boca

快餐

fastfood

街边小吃

imbis hrana

茶壶

čajnik

糖盒

doza za šećer

一份饭菜

porcija

意式咖啡机

aparat za espresso

高脚椅

visoka stolica

账单

račun

托盘

pladanj

刀

nož

餐叉

vilica

勺子

žlica

茶匙

čajna žlica

餐巾

ubrus

玻璃杯

čaša

碟子

tanjur

汤盘

tanjur za supu

碟子

tanjurić

酱

sos

盐瓶

soljenka

胡椒磨

mlin za biber

醋

ocat

食用油

ulje

调味料

začini

番茄酱

kečap

芥末

senf

蛋黄酱

majoneza

超市
supermarket

特价
ponuda

顾客
kupac

乳制品
mliječni proizvodi

购物车
kolica za kupnju

水果
voće

肉铺

mesnica

面包房

pekarnica

称重

vagati

蔬菜

povrće

肉

meso

冷冻食品

duboko smrznuta hrana

冷盘
narezak

罐头食品
konzerve

洗衣粉
sredstvo za pranje

甜食
slatkiši

日用品
artikli za domaćinstvo

清洁用品
sredstva za čišćenje

销售员
prodavačica

收银机
blagajna

收银员
blagajnik

购物清单
lista za kupnju

开放时间
vrijeme rada

钱包
novčanik

信用卡
kreditna kartica

袋子
torba

塑料袋
plastična vrećica

水

voda

果汁

sok

牛奶

mlijeko

可乐

cola

红酒

vino

啤酒

pivo

酒

alkohol

可可

kakao

茶

čaj

咖啡

kava

意式浓缩咖啡

espresso

卡布奇诺

cappuccino

香蕉

banana

苹果

jabuka

橙子

naranča

西瓜

lubenica

柠檬

limun

胡萝卜

mrkva

大蒜

češnjak

竹子

bambus

洋葱

luk

蘑菇

gljiva

坚果

orašasti plodovi

面条

rezanci

意大利面条

špagete

米饭

riža

沙拉

salata

薯条

pomfrit

炸土豆

pečeni krumpir

披萨饼

pica

汉堡包

hamburger

三明治

sendvič

炸猪排

šnicla

火腿

pršut

萨拉米

salama

香肠

kobasica

鸡肉

kokoš

烤肉

pečenje

鱼

riba

燕麦片

zobene pahuljice

穆兹利

musli

玉米片

kukuruzne pahuljice

面粉

brašno

羊角面包

roščić

面包卷

pecivo

面包

kruh

烤面包

toast

饼干

keksi

黄油

maslac

凝乳

svježi sir

蛋糕

kolač

蛋

jaje

煎蛋

jaje na oko

奶酪

sir

冰激凌

sladoled

糖

šećer

蜂蜜

med

果酱

marmelada

巧克力酱

nugat krema

咖喱饭

curry

农舍
seoska kuća

粮仓
sjenik

稻草捆
bale sijena

田野
polje

马
konj

拖车
prikolica

马驹
ždrijebe

拖拉机
traktor

驴
magarac

羊
ovca

羔羊
lane

山羊

koza

奶牛

krava

牛犊

tele

猪

svinja

小猪

prase

公牛

bik

鹅

guska

鸭

patka

小鸡

pilići

母鸡

kokoš

公鸡

pijetao

鼠

pacov

猫

mačka

老鼠

miš

牛

vol

狗

pas

狗屋

kućica za psa

花园浇水软管

vrtno crijevo

洒水壶

kanta za polijevanje

长柄大镰刀

kosa

犁

plug

镰刀

srp

锄头

motika

长柄草耙

vilica za gnojivo

斧头

sjekira

独轮手推车

tačke

饲料槽

korito

牛奶罐

posuda za mlijeko

麻布袋

vreća

栅栏

ograda

马厩

štala

温室

staklenik

土壤

zemlja

种子

sjeme

肥料

gnojivo

联合收割机

kombajn

收割

žanjati

收割

žetva

山药

yams začin

小麦

pšenica

大豆

soja

土豆

krumpir

玉米

kukuruz

油菜籽

uljana repica

果树

voćka

树薯

gomolj manioke

谷物

žitarice

烟囱
dimnjak

屋顶
krov

落水管
žlijeb

窗户
prozor

车库
garaža

门铃
zvono

门
vrata

垃圾桶
korpa za otpad

信箱
poštansko sanduče

花园
vrt

客厅
dnevna soba

浴室
kupaonica

厨房
kuhinja

卧室
spavaća soba

儿童房
dječija soba

餐厅
trpezarija

地板
pod

墙壁
zid

吊顶
strop

地窖
podrum

桑拿
sauna

阳台
balkon

露台
terasa

游泳池
bazen

割草机
kosilica za travu

被单
posteljina za krevet

床罩
deka za krevet

床
krevet

扫帚
metla

水桶
kanta

开关
sklopka

壁纸
tapeta

照片
slika

台灯
svjetiljka

搁架
regal

橱柜
ormar

壁炉
kamin

电视机
televizija

花
cvijet

垫子
jastuk

沙发
kauč

花瓶
vaza

遥控器
daljinski upravljač

地毯
tepih

窗帘
zavjesa

餐桌
stol

椅子
stolica

摇椅
stolica za njihanje

扶手椅
fotelja

书
knjiga

毯子
deka

装饰品
dekoracija

木柴
drvo za ogrjev

电影
film

高保真音响
stereo uređaj

钥匙
ključ

报纸
novine

油画
slika na platnu

海报
poster

收音机
radio

笔记本
blok za pisanje

吸尘器
usisavač

仙人掌
kaktus

蜡烛
svijeća

冰箱
hladnjak

微波炉
mikrovalna pećnica

厨房秤
kuhinjska vaga

烤面包机
toaster

洗洁精
sredstvo za čišćenje

冰柜
pretinac za zamrzavanje

烤箱
pećnica

垃圾桶
korpa za otpad

洗碗机
perilica za suđe

炊具

štednjak

锅

lonac

铸铁锅

željezni lonac

炒锅

wok / kadai

平底锅

tava

水壶

kuhalo za vodu

蒸锅

kuhalo na paru

烤盘

lim za pečenje

陶瓷锅

posuđe

马克杯

čaša

碗

zdjela

筷子

štapići za jelo

长柄勺

kutljača

铲子

lopatica

搅拌器

pjenjača

滤网

sito za kuhanje

筛子

sito

磨碎机

ribež

研钵

mužar

烧烤

roštilj

明火

ognjište

菜板

daska

擀面杖

oklagija

开瓶器

vadičep

罐子

konzerva

开罐器

otvarač konzervi

隔热手套

krpa za lonac

水槽

sudoper

刷子

četka

海绵

spužva

搅拌机

mikser

冷藏箱

zamrzivač

奶瓶

bočica za bebe

水龙头

slavina za vodu

浴室

kupaonica

淋浴
tuš

供暖设备
grijanje

毛巾
ručnik

浴帘
zavjesa za tuš

泡沫浴
pjenušava kupka

浴缸
kada

玻璃杯
čaša

洗衣机
perilica za rublje

瓷砖
pločice

水龙头
slavina za vodu

便壶
dječja kahlica

水槽
sudoper

厕所

toalet

蹲便器

čučavac

坐浴器

bidet

小便池

pisoar

厕纸

papir za toalet

马桶刷

četka za toalet

牙刷

četkica za zube

牙膏

pasta za zube

牙线

konac za zube

洗

prati

手持式喷淋头

tuš ručica

冲洗器

tuš za pranje intimnih dijelova

洗脸盆

lavor

擦背刷

četka za pranje leđa

肥皂

sapun

沐浴露

gel za tuširanje

洗发水

šampon

法兰绒

krpa za pranje

排水

odvod

乳霜

krema

除臭剂

dezodorans

浴室 - kupaonica

镜子

oledalo

手镜

kozmetičko ogledalo

剃须刀

brijač

剃须泡沫

pjena za brijanje

须后水

losion za poslije brijanja

梳子

češalj

刷子

četka

吹风机

sušilo za kosu

喷发定型剂

sprej za kosu

化妆品

makeup

唇膏

ruž za usne

指甲油

lak za nokte

化妆棉

vata

指甲剪

škare za nokte

香水

parfem

洗漱包

neseser

凳子

stolica

计重秤

vaga

浴袍

ogrtač

橡胶手套

rukavice za čišćenje

卫生棉条

tampon

卫生巾

uložak

化学厕所

kemijski toalet

闹钟
budilnik

毛绒玩具
plišana igračka

玩具车
auto igračka

拨浪鼓
zvečka

玩具屋
kućica za lutke

礼物
poklon

气球

balon

床

krevet

（洋娃娃用）婴儿车

dječija kolica

扑克牌

igra s kartama

拼图

slagalica

漫画

strip

乐高积木

lego kockice

积木玩具

kockice za slaganje

玩具人

akcioni junak

婴儿服

kombinezon za bebe

飞盘

frizbi

床铃玩具

viseće igračke

棋盘游戏

društvene igre

骰子

kocka

火车模型

minijaturna željeznica

安抚奶嘴

duda

聚会

tulum

绘本

slikovnica

球

lopta

洋娃娃

lutka

玩

igrati

沙坑

pješčanik

秋千

ljuljačka

玩具

igračka

游戏机

konzola za igre

三轮车

tricikl

泰迪熊

plišani medo

衣柜

ormar

衣服

odjeća

袜子

kratke čarape

长袜

čarape

紧身裤

hulahopke

围巾
šal

皮带
kaiš

雨伞
kišobran

T恤
t-shirt

靴子
čizme

拖鞋
papuče

运动鞋
patike

凉鞋
sandale

鞋
cipele

雨靴
gumene čizme

内裤
gaćice

胸罩
grudnjak

背心
potkošulja

衣服 - odjeća 45

身体

bodi

裤子

hlače

牛仔裤

džins

短裙

haljina

女式衬衫

bluza

衬衫

košulja

套头衫

džemper

卫衣

pulover s kapuljačom

西装夹克

blejzer

夹克

jakna

外套

kaput

雨衣

kabanica

套装

kostim

连衣裙

haljina

婚纱

vjenčanica

西装
odijelo

睡袍
spavaćica

睡衣
pidžama

莎丽
sari

头巾
rubac

包头巾
turban

波卡
burka

卡夫坦
kaftan

(阿拉伯式)长袍长袍
abaja

泳衣
kupaći kostim

男式泳裤
kupaće gaćice

短裤
kratke hlače

运动服
odjeća za trening

围裙
pregača

手套
rukavice

衣服 - odjeća

纽扣
gumb

眼镜
naočale

手链
narukvica

项链
ogrlica

戒指
prsten

耳环
naušnica

便帽
kapa

衣架
vješalica

帽子
šešir

领带
kravata

拉链
patent zatvarač

头盔
kaciga

背带
naramenice

校服
školska uniforma

制服
uniforma

围兜
podbradak

安抚奶嘴
duda

尿不湿
pelena

办公室
ured

服务器
server

文件柜
ormar za spise

打印机
pisač

显示屏
monitor

纸
papir

鼠标
miš

办公桌
pisaći stol

文件夹
mapa

键盘
tipkovnica

废纸筐
košara za papir

电脑
računar

椅子
stolica

咖啡杯
šalica za kavu

计算器
kalkulator

因特网
internet

笔记本电脑

laptop

信件

pismo

消息

poruka

手机

mobilni telefon

网络

mreža

复印机

uređaj za kopiranje

软件

softver

电话

telefon

插座

utičnica

传真机

faks

表格

obrazac

文件

dokument

买

kupovati

付钱

platiti

交易

trgovati

现金

novac

美元

dolar

欧元

euro

日元

jen

卢布

rubalj

瑞士法郎

švicarski franak

人民币

renmindbi yuan

卢比

rupija

提款处

automat za novac

外币兑换处

mjenjačnica

金

zlato

银

srebro

石油

nafta

能源

energija

价格

cijena

合同

ugovor

税金

porez

股票

dionica

工作

raditi

职员

službenik

老板

poslodavac

工厂

tvornica

商店

prodavaonica

警官
policajac

消防员
vatrogasac

厨师
kuhar

医生
liječnik

飞行员
pilot

园丁

vrtlar

木匠

stolar

裁缝

krojačica

法官

sudija

化学家

kemičar

演员

glumac

公交车司机

vozač autobusa

出租车司机

vozač taksija

渔夫

ribar

清洁女工

čistačica

屋顶工

krovopokrivač

服务员

konobar

猎人

lovac

画家

slikar

面包师

pekar

电工

električar

建筑工人

građevinski radnik

工程师

inženjer

屠夫

mesar

水管工

limar

邮递员

poštar

士兵

vojnik

建筑师

arhitekta

收银员

blagajnik

花农

cvjećar

理发师

frizer

售票员

kondukter

机械师

mehaničar

船长

kapetan

牙医

zubar

科学家

znanstvenik

拉比

rabi

伊玛目

imam

和尚

monah

牧师

svećenik

职业 - zanimanja

铁锤
čekić

钳子
kliješta

螺丝刀
odvijač

扳手
ključ za vijke

手电筒
džepna svjetiljka

挖掘机
rovokopač

工具箱
kutija za alat

梯子
ljestve

锯子
pila

钉子
ekser

钻机
bušilica

修
popraviti

铲子
lopata

靠！
Sranje!

簸箕
lopatica

油漆桶
lonac za boju

螺丝
vijci

乐器
glazbeni instrument

打击乐器
bubnjevi

扬声器
zvučnik

低音提琴
kontrabas

小号
truba

吉他
gitara

钢琴

klavir

小提琴

violina

贝斯

bas

定音鼓

timpani

鼓

udaraljke za bubnjeve

电子琴

keyboard

萨克斯管

saksofon

长笛

flauta

麦克风

mikrofon

老虎
tigar

入口
ulaz

笼子
kavez

斑马
zebra

动物饲料
hrana za životinje

熊猫
panda

动物
životinje

大象
slon

袋鼠
kengur

犀牛
nosorog

大猩猩
gorila

熊
medvjed

骆驼

kamila

鸵鸟

noj

狮子

lav

猴子

majmun

火烈鸟

flamingo

鹦鹉

papagaj

北极熊

polarni medvjed

企鹅

pingvin

鲨鱼

ajkula

孔雀

paun

蛇

zmija

鳄鱼

krokodil

动物园管理员

čuvar u zoološkom vrtu

海豹

tuljan

美洲豹

jaguar

矮种马

poni

豹

leopard

河马

nilski konj

长颈鹿

žirafa

老鹰

orao

野猪

divlja svinja

鱼

riba

龟

kornjača

海象

morž

狐狸

lisica

羚羊

gazela

体育

šport

橄榄球
američki nogomet

骑自行车
biciklizam

网球
tenis

篮球
košarka

游泳
plivanje

拳击
boks

冰球
hockey na ledu

英式足球

nogomet

羽毛球

badminton

田径

atletika

手球

rukomet

滑雪

skijanje

马球

polo

跳
skočiti

拥抱
zagrliti

笑
smijati se

走路
ići

唱
pjevati

做梦
sanjati

祈祷
moliti se

亲吻
poljubiti

书写
pisati

画
crtati

展示
pokazati

推
gurati

给
dati

拿
uzeti

有
....
imati

做
....
činiti

当
....
biti

站
....
stojati

跑
....
trčati

拉
....
povlačiti

扔
....
baciti

摔倒
....
padati

躺
....
ležati

等待
....
čekati

携带
....
nositi

坐
....
sjediti

穿衣
....
oblačiti

睡觉
....
spavati

醒来
....
probuditi se

看
gledati

哭
plakati

抚摸
milovati

梳头
češljati

交谈
govoriti

明白
razumjeti

问
pitati

听
slušati

喝
piti

吃
jesti

清理
pospremiti

爱
voljeti

做饭
kuhati

开车
voziti

飞
letjeti

航行

ploviti

计算

računati

读

čitati

学习

učiti

工作

raditi

结婚

vjenčati se

缝

šiti

刷牙

prati zube

杀

ubiti

抽烟

pušiti

寄

poslati

祖母
baka

祖父
djed

父亲
otac

母亲
majka

婴童
beba

女儿
kćerka

儿子
sin

客人
gost

阿姨
tetka

叔叔
ujak, stric

兄弟
brat

姐妹
sestra

前额
čelo

眼睛
oko

脸
lice

下巴
brada

乳房
grudi

手指
prst

手
ruka

手臂
ruka

肩膀
rame

腿
noga

婴童

beba

男人

muškarac

女人

žena

女孩

djevojčica

男孩

dječak

头

glava

背部

leđa

肚子

trbuh

肚脐

pupak

脚趾

nožni prst

脚后跟

peta

骨头

kost

臀部

kuk

膝盖

koljeno

手肘

lakat

鼻子

nos

屁股

stražnjica

皮肤

koža

脸颊

obraz

耳朵

uho

嘴唇

usna

身体 - tijelo

嘴
usta

牙齿
zub

舌头
jezik

脑
mozak

心脏
srce

肌肉
mišić

肺
pluća

肝脏
jetra

胃
želudac

肾脏
bubrezi

性交
snošaj

避孕套
kondom

卵子
jajna stanica

精子
sperma

怀孕
trudnoća

月经

menstruacija

阴道

vagina

阴茎

penis

眉毛

obrva

头发

kosa

脖子

vrat

医院
bolnica

救护车
bolníčko vozilo

轮椅
invalidska kolica

骨折
lom

医生

liječnik

急诊室

hitna medicinska služba

护士

medicinska sestra

紧急情况

hitni slučaj

昏迷

nesvijest

痛

bol

受伤

ozljeda

出血

krvarenje

心脏病发作

srćani infarkt

中风

moždani udar

过敏

alergija

咳嗽

kašalj

发烧

groznica

流感

gripa

腹泻

proljev

头痛

glavobolja

癌症

rak

糖尿病

dijabetes

外科医生

kirurg

手术刀

skalpel

手术

operacija

医院 - bolnica

CT

ct

X光

rentgen

超声波

ultrazvuk

口罩

maska

疾病

bolest

候诊室

čekaonica

拐杖

štaka

石膏

flaster

绷带

zavoj

注射

injekcija

听诊器

stetoskop

担架

nosilo

体温计

termometar

出生

rođenje

超重

prekomjerna težina

助听器

slušni aparat

消毒液

sredstvo za dezinfekciju

感染

infekcija

病毒

virus

艾滋病

hiv / sida

药物

medicina

接种疫苗

vakcinacija

药片

tablete

药丸

pilula

急救电话

poziv u pomoć

血压计

uređaj za mjerenje tlaka

生病/健康

bolesno / zdravo

救命！

pomoć!

警报

alarm

突击

nasrtaj

攻击

napad

危险

opasnost

紧急出口

izlaz za nuždu

着火啦！

požar!

灭火器

vatrogasni aparat

意外

nezgoda

急救箱

kofer prve pomoći

呼救信号

sos

警察

policija

欧洲

Europa

北美洲

sjeverna amerika

南美洲

južna amerika

非洲

Afrika

亚洲

Azija

澳洲

Australija

大西洋

Atlantik

太平洋

Pacifik

印度洋

ocean

南冰洋

antarktički ocean

北冰洋

arktički ocean

北极

sjeverni pol

南极

južni pol

南极洲

Antarktik

地球

zemlja

陆地

zemlja

海

more

岛

otok

国家

nacija

国家

država

钟面

brojčanik sata

时针

satna kazaljka

分针

minutna kazaljka

秒针

sekundna kazaljka

现在几点？

Koliko je sati?

天

dan

时间

vrijeme

现在

sada

电子表

digitalni sat

分

minuta

时

sat

周

tjedan

周一 ponedjeljak
MO

周三 srijeda
W

周五 petak
FR

TU
周二 utorak

TH
周六 subota

SA

SO

周四 četvrtak

周日 nedjelja

昨天
....
jučer

今天
....
danas

明天
....
sutra

早晨
....
jutro

中午
....
podne

晚上
....
večer

MO	TU	WE	TH	FR	SA	SU
1	2	3	4	5	6	7
8	9	10	11	12	13	14
15	16	17	18	19	20	21
22	23	24	25	26	27	28
29	30	31	1	2	3	4

工作日
....
radni dani

MO	TU	WE	TH	FR	SA	SU
1	2	3	4	5	6	7
8	9	10	11	12	13	14
15	16	17	18	19	20	21
22	23	24	25	26	27	28
29	30	31	1	2	3	4

周末
....
vikend

雨
kiša

彩虹
duga

风
vjetar

雪
snijeg

春
proljeće

夏
ljeto

秋
jesen

冬
zima

天气预报

meteorološka prognoza

温度计

termometar

阳光

sunčana svjetlost

云

oblak

雾

magla

潮湿

vlažnost zraka

闪电

munja

打雷

grmljavina

风暴

oluja

冰雹

tuča

季风

monsun

洪水

poplava

冰

led

一月

siječanj

二月

veljača

三月

ožujak

四月

travanj

五月

svibanj

六月

lipanj

七月

srpanj

八月

kolovoz

年 - godina

九月

rujan

十月

listopad

十一月

studeni

十二月

prosinac

形状

oblici

圆形

krug

正方形

kvadrat

长方形

pravokutnik

三角形

trokut

球体

kugla

立方体

kocka

白

bijela

黄

žuta

橙

narančasta

粉

ružičasta

红

crvena

紫

ljubičasta

蓝

plava

绿

zelena

棕

smeđa

灰

siva

黑

crna

很多/少许

mnogo / malo

生气/平静

ljutito / mirno

美/丑

lijepo / ružno

首/尾

početak / kraj

大/小

veliko / maleno

明/暗

svijetlo / tamno

兄弟/姐妹

brat / sestra

干净/肮脏

čisto / prljavo

完整/缺失

potpuno / nepotpuno

白天/晚上

dan / noć

死/生

mrtvo / živo

宽/窄

široko / usko

可食用/非食用

jestivo / nejestivo

邪恶/善良

zlo / dobro

兴奋/无聊

uzbuđeno / dosadno

胖/瘦

debelo / mršavo

第一/最后

na početku / na kraju

朋友/敌人

prijatelj / neprijatelj

满/空

puno / prazno

硬/软

tvrdo / mekano

重/轻

teško / lagano

饿/渴

glad / žeđ

生病/健康

bolesno / zdravo

非法/合法

ilegalno / legalno

聪明/愚笨

pametno / glupo

左/右

lijevo / desno

近/远

blizu / daleko

新/旧

novo / rabljeno

没有/有些

ništa / nešto

老/幼

staro / mlado

开/关

uključeno / isključeno

打开/合上

otvoreno / zatvoreno

安静/吵闹

tiho / glasno

富/穷

bogato / siromašno

对/错

točno / pogrešno

粗糙/光滑

hrapavo / glatko

伤心/高兴

tužno / sretno

短/长

kratko / dugo

慢/快

polako / brzo

湿/干

mokro / suho

温暖/凉爽

toplo / hladno

战争/和平

rat / mir

0

零

nula

1

一

jedan

2

二

dva

3

三

tri

4

四

četiri

5

五

pet

6

六

šest

7

七

sedam

8

八

osam

9

九

devet

10

十

deset

11

十一

jedanaest

12

十二
....
dvanaest

13

十三
....
trinaest

14

十四
....
četrnaest

15

十五
....
petnaest

16

十六
....
šestnaest

17

十七
....
sedamnaest

18

十八
....
osamnaest

19

十九
....
devetnaest

20

二十
....
dvadeset

100

百
....
stotinu

1.000

千
....
tisuću

1.000.000

百万
....
milijun

数字 - brojevi

英语

englishski

美式英语

američko engleski

普通话

kinesko mandarinski

印地语

hindi

西班牙语

španjolski

法语

francuski

阿拉伯语

arapski

俄语

ruski

葡萄牙语

portugalski

孟加拉语

bengalski

德语

njemački

日语

japanski

我
ja

你
ti

他/她/它
on / ona / ono

我们
mi

你们
vi

他们
oni

谁？
tko?

什么？
što?

怎样？
kako?

哪里？
gdje?

什么时候？
kada?

名字
ime

后面

iza

里面

u

前面

ispred

上方

preko

上面

na

下面

ispod

旁边

pored

中间

između

地点

mjesto